CYRIL ROGER-LACAN

AVANT L'ÂGE

poèmes

BERNARD GRASSET
PARIS

ISBN 978-2-246-83798-5

Coupes claires

I

Les oiseaux dont on fait la pierre
reviennent dans l'amour de l'âge

tu te tiens sur la digue
fumeur de l'aube
cancer de la brume

II

Elle règne comme on rêve
délaçant les voix obstinées
négligeant l'instinct des racines
fermant les yeux des fontaines

L'aveugle, lui, du bout des doigts
dévisage le monde. Puis retourne ses mains
vers son propre visage, enfiévré
devine qu'il a changé

et qu'il change
encore, puisant à son insu
dans l'eau de sa naissance

C'est le monde, alors, qui pose
une main sur ses yeux
une autre sur sa bouche

III

Les vies qu'il n'a pas eues sont posées près de lui
comme des animaux silencieux dans la nuit

il tourne vers le mur son sommeil impossible
et des oiseaux aveugles heurtent au dos du temps
la membrane de son insomnie

IV

Ce qu'il tire sur le rivage
est-ce une barque ou le corps de la nuit ?

Il affale et laisse descendre
légère entre ses bras comme une voile blanche

l'aile épuisée de lutte lente
que plus rien ne conduit

V

J'ai vu cette falaise avancée dans la nuit

ambassade immobile et royaume sans gestes
je l'ai aimée peut-être
matière, forme et volume du monde
le ressac à ses pieds vivait d'une autre vie

à mesure que monte
le soleil, je plisse les yeux
otage de l'arbre à fièvres
aveuglé par l'éclat du temps mort

l'âge se tient près de moi
comme un sculpteur aux mains vides

VI

repris par sa vague, l'exil se devine
plus seul qu'au commencement
le voici qui tourne ses dernières armes
contre son mouvement même

dans le palais démesuré
de sa mémoire, ce qui le dévisage
n'est plus à la même place

une saison désaffectée
voyage au fond de son regard

son empreinte pensive libère la forêt

VII

fonte des neiges
l'arbre s'enfonce dans le cristal
un cheval un corbeau
apparaissent
des ruisseaux s'inventent où le monde se vide

ce qui mûrit
dans cette défaisance
aucune voix ne le nomme
et pourtant
le garrot desserré y a sa part
une douce étoile démembrée
qui donne vie à ton silence

VIII

Au nord du monde les troupeaux
meurent de mémoire en terre promise

où la science des ailes se dérobe
un ange fatigué veille l’immense écluse

Avant l'âge

« *Emmuré dans les mots, tâtonnant dans la nuit des images*
Un enfant cruel en moi réclame de ne rien ensevelir
Et celui qui te parle est comme le rescapé d'un naufrage. »

Louis-René des Forêts,
Les Mégères de la mer

I

Un à un les corbeaux crient

un chant trop vieux qui se descelle
pierre par pierre

à te suivre sans fin ma trace se divise
comme racine en terre
ainsi la foudre qui
son filet jeté au noir de l'estuaire
rejoint en nous son éclair mort

en nous
à notre insu pourtant
son règne prolifère

ramures océanes que le sommeil devine
quand des châteaux éteints sont les murs de la mer

II

errant, de mémoire d'homme déjà
parmi les feux et les sources de l'insomnie
l'enfant visite ton écho
et chaque mot qu'il touche éclate et se disperse

près des enseignes lumineuses du port il cherche ton image
ses regards ont l'âge de la ville

à la gare où dorment les oiseaux
sous l'étoile de l'heure
est accoudée une buveuse de charme

il la regarde sans mot dire
et son visage est plein de la chute des corps

III

rêveuse aux appareils
endormie sur le coup
déchirée
ma veille rectiligne
s'étire
aux arpents du couloir
morte saison, plaisance morte
néons, halos blafards
herbicides de la fièvre noire

IV

laissant
l'hiver entre tes dents
quand s'éloigne l'oiseau du souffle

le sommeil et la chaise
chambre respiratoire
éloignée. Donnez-moi
pour déchirer ces houles
des armes de poing

V

il ne respire presque plus
s'espace s'éloigne sans un mot
s'écoute perdre confiance

il pleut l'eau ruine son visage
l'attire de plein fouet sous la lampe
et le suspend aphone, crieur public
carrure d'ignare entre les lunes mortes

la pluie descend sur son visage
la nuit dévore des chiens de veille
dans son cœur

VI

ce halo dont il est l'hôte
léchant
la manne du réverbère sur les doigts de la nuit
dans ce ressac, ce corail,
comment nommer de nous ce qui respire encore ?

ensemble nous rêvions
à cette foudre dessinée
à ce rire de gorge aux jointures du ciel noir

VII

l'album de famille
il s'y glisse comme sous les draps
les pages se tournent
les enquêtes naïves du regard
se brisent

pour éclore au trouble

au fond de lui les racines mêlent leur poison
à la louange évasive
ce qui s'éduque ainsi
du bout des doigts
se déchire

médecins de la sève
laissez-le mourir avec ses quelques mots
dans les douves aïeules
laissez-le sombrer

à mi-voix
laissez-le partir

VIII

sous le jour écaillé
la ville cerclée de vertiges
fait un feu d'étoiles mortes.

de l'ardeur accablée fuse encore
un éclat de promesse
et ta fièvre l'accueille
mêlant à ses rondes d'abysse
la semence indocile qui trouble sa mémoire

la faim qui t'a vu naître
tourne encore dans ton corps
ta main se pose sans comprendre
sur la vitre où son cri se perd

IX

La rose irradiée qui dévore ta bouche
se joue des décombres du temps

le cri resté en toi te déchire comme en rêve

Et l'oiseau de couleur marche vers la noyade
Fardé comme un géant

X

le manteau d'une nuit incurable
entoure les chemises du sommeil

mêlées aux racines influentes
nos heures flottent au ciel comme des oiseaux morts

Der Leiermann

« La fraîcheur du soir que j'avais désirée
S'est transformée pour moi en épouvante »

Isaïe

I

Le ravin que la neige a privé de sa voix
ne longe plus le monde

dans le ciel des yeux morts
s'étoile cette main qui cherche des couleurs

Joueur de vielle sais-tu
qui de nous restera
plus pauvre en cette attente ?

sous l'écorce saisie par le gel
quelque chose joue et fait signe

au beau corps dispersé du retour de la mer

II

Les mots sans lien du vieil homme
errent vers tous les points de sa chambre
et lui renvoient le silence des murs

pour en rompre le cercle, on a ouvert sa fenêtre
comme si de cette échappée pouvait
renaître une présence

mais c'est le ciel aux nerfs coupés qui entre en nappes
et couvre ses yeux du bandeau limpide de l'oubli

III

Ce sont sans doute les derniers usages
des maîtres épuisés retiennent leur voyage
la fleur entravée le pain des songes
tombent doucement de leurs mains

au loin les bêtes ont soif
elles s'épousent de leur mieux
se déchirent sans bruit dans les vignes éteintes

IV

Un dormeur agité éloigne son cauchemar
qui monte vers le ciel lourd, archive sinueuse

sur l'arête des heures l'homme
fixe les voûtes où s'essouffle
la clameur de l'hiver

ses yeux savent les mauvais lieux
les maisons refermées sur leur stupeur vierge

un couteau sur la table, à l'aube
lui apporte la chair clandestine de l'eau

V

C’est là qu’ils t’ont attendue
au creux de la fontaine où les meurtres prennent forme

les oiseaux en éclats y ont leur territoire
ensemencé d’aubes tièdes et de profonds naufrages

le sillage et l’effroi
ensemble ont disparu
l’essaim dévisagé n’affronte pas le regard

VI

Un jeu de lierre et d'os
abolit le village

sans haleine qui vive quel ange arpenteur
viendrait lire à présent dans sa paume effacée
ces tracés qu'ignore même la guêpe saoule ?

et quelle ivresse rendrait habitables ces pierres
dont chaque patience a regagné la mort
quand la mort même au loin
déserte ses images ?

VII

en dépouilles chaque jour amoindries la forêt
descend les degrés de l'hiver

une pluie souterraine prolonge
la bruine où toute vie acquiesce
à l'effacement

mais aux lisières folles rayonne sans mesure
l'étoile échouée dans son éclat

l'alcool des jours perdus y renaîtra lucide
piqûre de guêpe sous la peau de la mer

VIII

La nuit terreuse prendra
ses quartiers d'hiver dans ta bouche

avant que les labours, déchirant ton masque
ne révèlent entre les racines
ces yeux d'enfant que la mort étonnait

Sous l'aile immobile

« *Das, was man war in undendlich ängstlichen Händen*
Nicht mehr zu sein, und selbst den eigenen Namen
Wegzulassen wie ein zerbrochenes Spielzeug. »

Rainer Maria Rilke,
Duineser Elegien, 1

I

Dans les salles de cinéma, jadis
ce moment
où le film s'arrête. On entend grésiller
le projecteur et la bobine

sur l'écran dansent des parasites lumineux
peuple du vide, un instant entrevu

un jour ta vie ne sera plus
qu'un bruissement d'ailes dans l'obscurité de ton corps
un oiseau dans ta maison détruite

II

Ange du couloir
ce roseau noir dont tu fais une flûte dans la nuit
ton souffle sur un fil qui vient couper la mer
lasse d'ordures et respirant
dehors rongeant le béton
tandis que derrière les lézardes, des appareils
veillent encore sa souffrance

Les cris d'insectes vrillent la pénombre
dont se repaît la cigarette
par instants plus intense, ta main
se pose sur l'épaule où la fatigue est nue

Ici la souffrance est ressac
le linge près du tombeau n'inspire plus l'espoir

Hôpital, linge sale du silence,
sur l'aube étale, sœur de la veille
des silhouettes vont et viennent que répare l'oubli

III

épuisé en lisière de soi
quand buissonnent alentour
les abois aux épines sanglantes

quand les battements de cœur de l'oiseau traqué
s'impriment sur la membrane du monde

mon ami, ouvre-moi
entre les chiens de garde
un passage dérobé

IV

et ton corps traversé reste accroché aux berges
les étoiles refluent dans ta bouche
tes vêtements dociles aux partages du fleuve
dansent lourdement dans nos yeux

le froid aux armures féeriques déchire
la fleur étale du silence

l'enfant te cherche dans le vide
le visage collé à la grille
où ses yeux se forment pour toujours

V

rivée aux lointains inertes
une voix attend son heure

à ses rondes d'abysse elle mêle
des éclats indécis que ta fièvre accueille

toujours l'ombre portée de ton premier mouvement
s'étoile de quelque chose que tu ne comprends pas
comme une pierre dans une vitre

comme un trou de mémoire où résiste
un soleil étranger à l'averse du monde.

VI

Little Boy
6.8.45
ce paysage mort sous le ciel comme un complot éviscéré

l'arbre aux patiences dévorées
a perdu ses racines nocturnes

nul paravent n'abrite
l'étreinte giboyeuse
à présent immobile

des fardeaux infinis se partagent la brume
l'abeille grésille sous la toise

endors-toi
néglige
éloigne aussi
la naissance écaillée des larmes

VII

dans le matin afflue la note d'un merle,
insistante
oublieuse de la nuit des choses
dont l'aiguille en elle prend sa forme

et l'aveugle l'écoute
en lui la vague aux mains de verre
remonte, et de plus loin
étend un autre voile sur ses yeux introuvables

VIII

Comme la mort descend les fleuves
l'oiseau monte dans les veines du ciel pur
où ta mémoire l'imagine, fraternel, hasardé
fier comme l'accent perdu
d'un printemps incurable

IX

La rue aux mains longuement éteintes
se vide entre tes doigts
le ciel se détache du ruisseau assombri

et le jour vient donner dans le mur du soir
comme une bête et comme un enfant
comme une bête qu'on tue
un enfant qu'on endort

un arbre est jeune
un homme est vieux
un halo les habille
une chanson les attend

X

l'oiseau cloué la sève simple
les rideaux tirés sur la neige

façons de faire et de mourir
dans l'effusion des nœuds

l'ascèse hésitante des formes
tirées de leur premier sommeil

et la nuit comme un seul baiser
de l'encre à l'encrier

que le ciel retourne ma terre
elle lui livrera
l'infertile stupeur de ses liens coupés

Mise en pages
PCA 44400 Rezé

Cet ouvrage a été imprimé par
Dupliprint à Domont (95)
pour le compte des éditions Grasset
en février 2024

PAPIER CERTIFIÉ

Grasset s'engage pour l'environnement en réduisant l'empreinte carbone de ses livres. Celle de cet exemplaire est de :
450 g éq. CO_2
Rendez-vous sur www.grasset-durable.fr

N° d'édition : 22123 – N° d'impression : 2024020231
Dépôt légal : mars 2024
Imprimé en France